FUSION

OU

L'HISTOIRE DES PEUPLES

EXPLIQUÉE D'APRÈS LES LOIS

de la Physique et de la Chimie

LA FRANCE

LOUIS-NAPOLÉON BONAPARTE

PAR

M. CHARLES GAILLARD

de la Seine-Inférieure

PARIS

GARNIER FRÈRES, PALAIS-NATIONAL, 215

AMYOT, LIBRAIRE-ÉDITEUR

RUE DE LA PAIX, 8

1848

FUSION

PREMIÈRE PARTIE.

> Connaissant ce qui a causé la ruine de chaque empire,
> nous pouvons sur leur exemple trouver les moyens de
> soutenir les États si fragiles de leur nature.
>
> (BOSSUET, *Disc. sur l'hist. univers.*)

L'histoire nous apprend que, postérieurement au déluge, c'est-à-dire après la tour de Babel, et au moment de la confusion des langues, les hommes se répandirent à travers la terre, sous la conduite des trois enfants de Noé : Sem, Cham et Japhet.

L'influence des climats, ainsi que plusieurs autres agents extérieurs, ne tardèrent pas à déterminer des différences sensibles, soit dans la couleur, soit dans la forme, soit dans les mœurs, entre ces diverses tribus, ou peuplades, lesquelles devinrent ensuite des nations, pour se multiplier, puis se fractionner et se modifier encore à l'infini.

Mais, après ce travail de décomposition et de dispersion, les peuples, ou du moins la plupart d'entre eux, obéissant à certaines lois d'attraction rétrospective, commencèrent à sortir de leur état d'isolement. — De là, quelques excursions pacifiques ou guerrières, sur le domaine des nations voisines, puis sur les terres des peuples éloignés.

L'élan est donné. — Le mouvement se propage. — D'autres populations sont en marche; elles vont arriver.

Voyez. — C'est un flux et un reflux continuels. — On se pousse, on se croise, on se heurte. — Agitation incessante.

On fonde des cités, des royaumes. — Ou bien l'on saccage et l'on détruit tout.

Bientôt les anciennes voies ne suffisent plus. — Il faut des directions nouvelles. — On veut l'inconnu.

Paix, ou guerre.

Si c'est la guerre..

....

Mais dès que renaît la paix, — lorsqu'au bruit des armes a succédé le calme des champs, — les hommes reprennent leurs excursions pacifiques, pour s'épancher de nouveau sur le monde. — Ce n'est plus là le torrent dévastateur ; c'est le Nil majestueux et fertilisant. — Chacun va où le conduit son génie, ses besoins ou ses goûts ; au Nord ou au Sud, à l'Est ou à l'Ouest. — Colonies à fonder ; — relations commerciales à établir ; — mers à explorer ; — terres à découvrir ; — sciences et arts à perfectionner ; — idolâtres à convertir ; — vœux à remplir ; — mœurs à observer ; — sites à peindre ; — besoin de voir ; — air pour respirer.

Ainsi va le monde.

Et qu'on ne croie pas que ce mouvement s'arrêtera ! — Les guerres pourront devenir moins fréquentes et moins terribles. Il le faut d'ailleurs. Mais alors les explorations, les missions, les émigrations prendront une extension et plus forte et plus continue.

Peuples, — point d'obstacles, c'est la civilisation qui passe !

Et sous l'influence active et généreuse de ces explorations, de ces missions, de ces émigrations, l'on verra le progrès grandir et marcher à pas de géant ; les vieilles rivalités s'éteindre ; de sublimes et éternelles alliances fermer à jamais le temple de Janus ; l'univers n'avoir plus qu'un seul drapeau, une unique bannière , un fraternel labarum, — pour s'avancer vers un avenir meilleur, vers l'amélioration progressive du sort de tous.

« Encore le système de Condorcet (1), dira-t-on peut-être ! » — Oh ! non ; nous sommes loin de prétendre que les enfants de la terre, progressant incessamment et indéfiniment dans l'ordre physique comme dans l'ordre moral, atteindront la perfectibilité divine. Mais nous repoussons aussi cette doctrine fatale et stationnaire qui, concentrant toutes ses espérances dans une vie à venir, dénie ironiquement toute espèce de progrès ici-bas.

Loin de nous et un pareil système et une pareille doctrine !

Continuons.

Nous n'entendons pas, du reste, méconnaître la part ardente et continue que les citoyens, internés sur le sol de la patrie, ont le

(1) *Esquisse d'un tableau historique des progrès de l'esprit humain*, par Condorcet.

droit de revendiquer dans les progrès de la civilisation. Tandis que d'intrépides guerriers ou d'aventureux voyageurs sillonnent la surface du globe, par les plaines, les vallées, les fleuves, les montagnes et les mers, — eux, — semblables à d'industrieuses abeilles renfermées dans une immense ruche, — s'emparent des faits acquis, collectionnent, classifient, analysent; puis amalgament, condensent, triturent, organisent et fusionnent. — Toutefois, quand on approfondit les causes de la transformation des sociétés anciennes et modernes, on est forcé de reconnaître, par un enchaînement d'observations successives, qu'aux migrations des hommes, aux mélanges des peuples, à la fusion des races, revient de droit la part la plus importante dans la progression de l'humanité.

Nous ne méconnaîtrons pas non plus que d'autres, avant nous, — et même longtemps avant nous, — n'aient convié les races à cette fusion. Ainsi que nous, ils considèrent les hommes comme autant de collaborateurs de l'*œuvre commune*; et, pour que personne ne manque à l'appel, on sonne le tocsin. — Cependant il nous a semblé, en examinant de près leurs théories, — ou bien nous nous trompons fort, — que ces théoriciens travailleurs réservaient en quelque sorte toute la tâche pour eux et les leurs, c'est-à-dire pour la race à laquelle ils ont l'honneur d'appartenir, — sauf à partager ensuite les bénéfices avec tout le monde. — C'est là, certes, du dévouement fraternel. On ne saurait trop louer de pareils sentiments. — Mais croyez-vous que les autres consentiront à cela? — Vous avez, il est vrai, pris noblement les devants pour la réalisation du sublime idéal. Est-ce donc un motif pour penser qu'on se croisera les bras, qu'on se contentera de vous regarder faire? — Comment! vous vous adjugez tout le travail, et il avait été convenu qu'on l'exécuterait en commun! Serait-ce le prix de la course? — Non pas, non pas, Messieurs! — D'autres, soyez-en sûrs, viendront s'adjoindre à vous. Et, — qui sait!.., parmi ceux qui arriveront les derniers (ils savent bien qu'au fond on ne se soucie guère d'eux, les pauvres *diables*), il en est peut-être dont le concours vous sera bien utile et bien agréable.

Un peu de patience, s'il vous plaît !

Il y a trois races (1) : 1° la *Blanche* ou *Caucasienne*; 2° la *Jaune* ou *Mongolienne*; 3° la *Noire* ou *l'Éthiopienne*. — C'est la classification de Cuvier. Il faut l'adopter.

(1) Ces trois races se subdivisent en de nombreuses *variétés*. Du reste il n'y a qu'une *espèce* d'hommes.

La race blanche est la plus active, la plus progressive, et la plus perfectible des trois races. Cela ne fait aucun doute. Mais ce qui la distingue principalement des deux autres, c'est son amour pour la *liberté*. En Europe surtout, ce sentiment d'indépendance a toujours été vivace, — n'importe où.

Du reste, si la population européenne est la plus libérale des populations du globe, la France est le pays le plus libéral de toute l'Europe, sans préjudice, bien entendu, de ses autres qualités et mérites. Elle a même l'honneur d'avoir proclamé la constitution la plus démocratique du monde. — Elle marche la première dans la voie du progrès et de la civilisation. — Et de même que Rome, après avoir été la métropole du paganisme, devint la capitale du monde chrétien, — la France, après avoir été la capitale du monde métaphysique, est devenue la capitale de la démocratie. — Transformation. — Progrès. — Nouvelle ère. — *Siècle démocratique!*

Quant à la race mongole, c'est dans la nation chinoise, son type le plus distingué, qu'il convient notamment de l'étudier.

Lorsqu'on parcourt la longue histoire du Céleste-Empire, l'œil est d'abord fasciné par ce brillant panorama d'une culture riche et variée, de fleuves majestueux, de canaux, de palais, de kiosques, de colonnes, de temples, de pagodes, de jardins, de tours en porcelaine et de ponts aériens; et par cette gigantesque muraille; et par cette noble phalange de lettrés, bonzes et mandarins, portés dans des palanquins. — Mais ce qui doit frapper l'esprit du publiciste, c'est l'organisation morale, politique et sociale de ce vaste et immobile empire; c'est surtout le système d'*égalité* pratique et sérieuse qui y domine et qui y a toujours existé. — Ni noblesse, ni distinctions héréditaires (1). — Tous les Chinois sont égaux devant eur souverain. L'accès des emplois y est ouvert par des examens; l'entrée dans les classes de mandarins, ainsi que dans les autres ordres et conseils, dépend uniquement du mérite des candidats, comme leur élévation aux emplois supérieurs dépend ensuite de leur conduite. On n'y connaît point le *népotisme*.

Mais, en revanche, l'esprit de *liberté* n'est guère développé chez ce peuple chinois. S'il y a eu des émeutes, des guerres civiles et des trônes renversés, ce n'était pas dans l'intérêt de la liberté; oh! non. C'était au contraire pour revenir aux bonnes et saines traditions. Il ne faut donc pas s'étonner si le vénérable système patriar-

---

(1) On a fait néanmoins une exception à la règle, en faveur des descendants de Confucius. Ils jouissent des plus grands honneurs depuis près de deux mille ans. — Voilà bien de vieux parchemins.

cal y règne encore dans toute sa splendeur antique. — C'est, du reste, en ménageant adroitement l'amour national du *statu quo*, que les Tartares sont parvenus à s'introniser dans ce pays.

Les Chinois sont certainement un peuple doux et humain. Toutefois l'exaltation des sentiments n'est guère leur caractère distinctif. Ils ont au contraire l'esprit *très-positif;* ou bien, il faudrait qu'ils fussent considérablement changés, depuis que nous n'avons eu le plaisir d'entendre parler d'eux.

Mais, quoi qu'il en soit, et tout en admettant que, dans d'autres pays, on pratique sérieusement et largement le principe de l'*égalité*, il est évident que ladite population n'a de leçons à recevoir de personne quant à ce.

Maintenant voici venir la troisième race; — peu importe la couleur. — Qu'en ferons-nous? Ne lui offrirons-nous pas aussi une part d'action dans la collaboration de l'œuvre commune? — Elle arrive un peu tard, il est vrai; mais — enfin — nous ne serions pas très-polis, si nous la laissions à la porte.

« Et en quoi pourraient-ils nous être utiles, vos amis? Que savent-ils faire, s'il vous plaît? N'allez-vous pas leur donner la *fraternité* en partage? »

Oh! non; nous ne nous permettrions pas de dire, ni même de penser une pareille chose. Nous ne sommes pas assez *exclusif* pour cela.

Du reste, nous avouerons ingénument que nous n'avons pas approfondi la matière d'une façon complète; car la Bibliothèque ex-royale ne regorge guère d'ouvrages psychologiques sur cette race presque déchue. — Nous ne ferons donc qu'effleurer le sujet, et très-légèrement encore.

Vous rencontrerez la race nègre sur beaucoup de points du globe. On en a transporté à peu près partout. — Infortunés *touristes!* — Personne n'exigera sans doute que nous fassions l'énumération et la description des diverses variétés de cette race. Ce serait beaucoup trop long, et d'ailleurs peu utile pour nos lecteurs.

Nous ne nous occuperons que de ceux qui résident dans nos colonies, ainsi que de ceux qui sont à Haïti (Saint-Domingue).

Il y a quelque temps, la population blanche de la ville de Pointe-à-Pître disait aux nouveaux émancipés : « Que nos lieux de réunion « soient les vôtres; qu'aucune question d'intérêt public ne se dis- « cute qu'en commun; plus d'exclusion comme autrefois, dans les « fêtes et les réunions publiques; que les enfants prennent indis- « tinctement sur les mêmes bancs la même éducation; plus d'insti-

« tutions privées, exclusives ; que toutes s'ouvrent à tous, parce que
« là se forment les amitiés durables ; ainsi l'affection sera née avant
« les préjugés qui la refoulent. Tout ce que nous avions fondé pour
« nous, nous l'offrons à tous cordialement. . . . . »

A la bonne heure ! voilà de belles et bonnes paroles. Mais il faut
agir, et ne pas se décourager, et surtout bien convaincre ces mal-
heureuses gens, notamment les vieux nègres à barbe blanche, que,
cette fois-ci, du moins, l'émancipation est bien sérieuse, car — ils
se souviennent. . . . .

Ne craignez pas ensuite de les *utiliser*.

Maintenant voyons Saint-Domingue. — Nègres et mulâtres n'y
sont pas toujours parfaitement d'accord. — C'est vrai. — Il se passe
parfois de bien singulières tragédies dans l'île. Mais — ne s'est-on
pas également battu ailleurs — au nom de la *fraternité ?* — Cela
ne prouve donc absolument rien. Du reste, il n'y a pas, à propre-
ment parler, de civilisation haïtienne.

Nous lisons dans l'Encyclopédie des gens du monde *que la société
haïtienne a beaucoup gagné depuis qu'elle a conquis sa liberté ;
qu'elle présente l'apparence de l'aisance, de la santé et du
bonheur ;* puis, que l'on y prononce des *discours pleins d'élévation dans les sentiments et d'un rare bonheur d'expression ;
d'autres, empreints d'une noble simplicité et d'une convenance
d'expression qui feraient honneur à des peuples d'une civilisation beaucoup plus ancienne.* — Fort bien.

Mais hélas ! cette superbe civilisation, dans laquelle ils se pa-
vanent, elle n'est point à eux. Cela ne provient pas de leur crû.

Après nous avoir expulsés de l'île, ces nouveaux propriétaires ne
trouvèrent rien de plus *progressif* que d'imiter ceux dont ils pre-
naient la place ; et, sans y mettre plus de façon, ils donnèrent
incontinent une représentation à l'européenne. Ils ont copié le code
Napoléon. Ils ont un gouvernement républicain, une chambre de re-
présentants, des départements, des arrondissements, un collége,
des écoles, un jury. Ils ont eu un *Empereur* et des *Rois ;* maintenant
ils se contentent d'un *Président.....* Bref, sauf la couleur locale,
on pourrait se croire dans certains pays d'Europe.

Cependant la race noire a joué un certain rôle dans l'histoire. On
peut citer avec avantage les anciens Éthiopiens, et plusieurs autres
civilisations d'une couleur plus ou moins foncée. Il faut donc espé-
rer qu'un jour viendra où nosdits noirs régénérés, renonçant à se
draper ainsi à l'européenne, tailleront décidément en plein drap,
pour nous donner du neuf, afin de pouvoir revendiquer sérieusement une part dans la collaboration de l'œuvre commune.

Quoi qu'on ait dit et quoi qu'on puisse encore dire, nous ne pensons pas que le sentiment de *liberté* soit très-développé chez la race nègre. — Oh ! nous connaissons bien certains faits historiques. — Mais on avait peut-être à se plaindre de la domination d'une certaine autre couleur (on se plaindrait à moins, du reste) ; et nous croyons qu'on s'en souvient encore. — C'est la puissance des souvenirs, dans la mauvaise acception du mot. — On sait qu'un de leurs chefs, Toussaint-Louverture, reconstruisit en quelque sorte l'esclavage, sous la forme d'une administration militaire ; et, nous dit encore l'Encyclopédie des gens du monde, « *les noirs sem-* « *blaient se contenter du* mot *indépendance et de la pensée qu'ils* « *étaient affranchis du joug odieux des blancs, et que, s'ils* « *obéissaient,* c'était à un homme de leur couleur.* » — Dès lors, affaire de pur caprice.

Il est donc probable que, chez ces gens-là, l'amour de la liberté n'est pas un sentiment inné.

Nous avons ouï dire que les noirs aimaient assez l'*égalité* dans... le *far niente*, c'est-à-dire, qu'ils auraient certaine propension à ne pas travailler les uns plus que les autres. — Mais, comme l'individu qui nous tenait ce langage avait quelque intérêt dans une certaine *indemnité*, nous en avons conclu que ses propos devaient être fort intéressés ; — et ce n'est pas avec l'aide de pareils dires que nous pourrions argumenter en faveur des sentiments d'égalité.

Ah ! quel dommage de ne pouvoir rien attribuer à ces descendants d'illustres Éthiopiens ! — Quelqu'un dirait : *Mais, voilà ma triade !*

Sachez bien du reste, ô philosophe ! sachez bien que nous n'abandonnons pas encore la partie. Nous y reviendrons — peut-être, — plus tard, — et — si nous trouvons d'utiles documents dans la bibliothèque de notre chef-lieu de département ; — à moins toutefois — qu'après avoir supprimé l'Académie, on ne supprime également la bibliothèque, — comme chose, sinon fort *dangereuse,* du moins parfaitement *inutile.*

En définitive, et pour conclure à toutes fins, et sans qu'il soit besoin de préciser dès à présent la part afférente à chacun dans la collaboration de l'œuvre commune, nous disons : C'est du travail collectif et de la fusion des trois races que jaillira sur la terre la réalisation du sublime idéal.

« Mais, nous dira-t-on peut-être, des personnes appartenant respectivement à ces trois races, se sont déjà rencontrées sur plusieurs points du globe ; elles y ont séjourné ensemble ; elles s'y sont même fixées à demeure ; et rien jusqu'alors ne démontre qu'il en soit résulté un bien grand progrès humanitaire. »

C'est possible. Mais nous n'avons pas à nous occuper de ces quelques faits isolés. Il s'agit de bien autre chose.

Pour que la fusion des hommes puisse donner un résultat sérieux, efficace et complet, il faut que les trois races agissent en grandes masses, sur de larges espaces, à l'heure voulue, dans certaines conditions sociales et progressives, et au milieu d'un courant énergiquement civilisateur. Il faut que les trois races y concourent, non-seulement en grandes masses, mais aussi par l'effort collectif de toutes leurs variétés, et de toutes leurs fractions de variétés, avec toutes leurs divisions et toutes leurs subdivisions politiques, philosophiques et sociales.

Avons-nous besoin de dire où sera le rendez-vous général des nations ? — En Amérique. — Tout l'Univers y va.

Est-il nécessaire de désigner le chef-lieu de ce monde colossal ? — Les États-Unis. — La race blanche y domine. Les nègres y abondent. Les Chinois y arrivent.

Il y a de l'air et de l'espace, — pays immense, horizon sans bornes. — Là est le terrain neutre sur lequel l'union pacifique de tous les peuples peut être solidement fondée.

Progrès. Progrès.

Nouvelle ère.

Siècle philanthropique !

Puis, quand viendra la réalisation de ce grand fait progressif, quand l'Union, après sa transformation sociale, aura rempli noblement sa tâche, sa mission civilisatrice et providentielle, — alors la France, — la France qui jadis offrit au Nouveau-Monde le secours de son héroïque épée, — la France sans laquelle rien de grand ne peut se produire, se perfectionner et se généraliser dans le monde, — la France qui possède au degré suprême et le génie et la force, — la France interviendra pour se transformer encore au contact de cette terre d'élite, et pour compléter l'œuvre.

Et sous l'impulsion de son généreux et puissant effort, les courants d'électricité sociale, aussi rapides que la foudre, iront sillonner l'Univers, pour initier tous les peuples ; — et les nations, obéissant aux lois de l'attraction sociale, de l'aimant sympathique et humanitaire, les nations se rapprocheront de plus en plus, et chaque jour, pour se fusionner toutes ensemble, et ne plus former qu'un seul peuple, une seule famille (1).

Progrès. — Progrès. — Progrès.

Nouvelle ère.

Siècle harmonique!

« Vous pensez donc, nous dira-t-on peut-être, que les hommes, dans un avenir plus ou moins éloigné, auront tous la même couleur, les mêmes usages et la même langue ?»

Il n'y aurait qu'un inconvénient à cela. Pour qu'un fait de cette nature pût s'accomplir, il faudrait que tous les peuples de l'Univers, désertant complétement les autres parties du globe, allassent se réunir, se masser et se *condenser* sur un point donné. — Dans une pareille caserne on ne pourrait respirer.

Non. Nous voulons un progrès rationnel. Point de plans excentriques. — Nous demandons, non pas une unité impossible à croire, mais moins de discordance et de cacophonie. Au lieu de tons aussi tranchants, il n'y aura plus que des teintes légères. La fusion n'exclut pas certaines nuances. C'est de là, précisément, que naît l'harmonie. Du moins, nous le pensons.

Nos opinions, au surplus, ne contiennent rien que de très-orthodoxe. — Oh! nous connaissons l'histoire de la tour de Babel. — Mais Dieu n'a-t-il pas envoyé Jésus-Christ sur la terre, pour dire aux hommes : *Aimez-vous les uns les autres !* Or, pour pouvoir s'aimer, il faut s'apprécier ; pour pouvoir s'apprécier, il faut se connaître ; pour pouvoir se connaître, il faut se voir et se parler ; enfin pour pouvoir bien se comprendre, il est nécessaire, n'est-ce pas ? d'employer *la même langue.*

« Puisque vous êtes en si beau chemin, continuez, et dites-nous donc quand et comment finira le monde. »

Oh! c'est décidément trop de curiosité pour des fils d'Ève et d'Adam. Quel serpent vous a donc piqués ? Faites bien attention

(1) Alors on verra les sentiments de liberté, d'égalité et de fraternité régner d'une manière sérieuse, complète et permanente, de gouvernement à gouvernement, de gouvernement à citoyen et de citoyen à citoyen.

Les hommes ne sont pas encore arrivés sur ce terrain-là. Il reste même beaucoup de chemin à faire.

que nous n'avons pas remonté jusqu'à la création du monde. — Nous ne donnons ici ni le commencement ni la fin.

DEUXIÈME PARTIE.

> L'histoire supplée au défaut de notre expérience. Elle nous montre les causes telles qu'elles ont été réellement avec leurs effets prochains; et elle nous met en état de deviner les événements futurs.
>
> (Lord Bolingbroke, *Lettres sur l'histoire*.)

Dans la première partie de cet opuscule, nous avons déjà parlé de la France, pour indiquer sa mission civilisatrice, sous le point de vue général et humanitaire. Nous allons encore nous occuper d'elle, et la saluer de nouveau. — On n'est jamais trop poli envers sa patrie.

Que l'on ne croie pas du reste que nous ayons la prétention de faire une Histoire de France. Des écrivains d'un immense mérite l'ont racontée avant nous, et bien mieux, d'ailleurs, que nous ne pourrions l'écrire. — Notre seul désir, notre seul but, c'est de — parler encore d'elle.

La plupart des États, ou du moins les empires qui ont eu *force* et *durée*, n'ont été formés ni d'un seul bloc, ni d'un seul jet. On peut observer qu'avant d'arriver à leur apogée, ils subissent graduellement, et nous dirons même, nécessairement plusieurs variations : 1° L'état *primitif*, l'état *barbare*. 2° L'état *parcellaire*, c'est-à-dire, l'état de *féodalité*, ou de *confédération*, ou d'*alliance*. 3° L'état de *fusion* et de *centralisation* (1). 4° Il y a enfin l'état de *transformation*. Mais, pour l'opérer, il faut une terre d'élite, un peuple privilégié du ciel. La plupart des nations n'ont pas assez de force et de génie pour pouvoir supporter l'épreuve de cette initiation puissamment civilisatrice ; elles en subissent passivement

---

(1) On sait que la Chine a subi ces trois variations, et que son immobilité actuelle provient du système de l'isolement. Mais cet isolement cessera peut-être. En effet, si la Chine n'est pas encore *ouverte*, elle le sera probablement bientôt. D'un autre côté, ses habitants, qui font encore tant de cérémonies avant d'introduire les étrangers chez eux, n'en mettent guère aujourd'hui pour aller s'installer chez les autres. Enfin il y a dans la capitale, et même parmi les membres de la famille de l'empereur, des personnes qui désirent sincèrement le progrès.

l'influence, sans y participer d'une manière immédiate et directe.
— Il faut : force d'*attraction*; force d'*assimilation*; force de *fusion*; force de *production*; et force d'*expansion*. — Il est également utile que le progrès soit *modéré*, *continu* et *traditionnel*. Quand une locomotive s'élance brusquement hors de ses *rails*, il y a parfois choc, heurt et contre-choc; et alors (n'en déplaise aux mauvais ouvriers), il faut demander conseil au passé pour raccommoder la machine, et la faire progresser de nouveau dans la bonne voie. Quelquefois aussi..... Lisez Montesquieu. — Mais il est bien vieux Montesquieu !

On sait à l'aide de quels éléments s'est formée notre chère patrie. — Race gauloise, ou celtique. Ibériens, Kymrys, Grecs, Belges ou Bolg, Romains, races germaniques; entre autres, Francs et Normands (1).

L'état *barbare* cesse au moment où s'établit la domination de Rome dans la Gaule. Le système romain doit donc être considéré comme l'état *primitif* du pays. Puis, une organisation nouvelle se forme. C'est l'invasion franque qui achève la dissolution du système romain, pour établir la *féodalité*. A cette époque, le système féodal était nécessaire; il eut sa raison d'être. Les croisades; mouvement, progrès immense qui ne put être éclipsé plus tard que par l'invention de la boussole et la découverte du Nouveau-Monde. Mais il faut aussi que cette organisation disparaisse, pour faire place au système de *centralisation* et de *fusion*. Les rois capétiens commencent l'œuvre; ils abattent les grands vassaux; ils parviennent à relier assez fortement entre elles les diverses provinces dont Paris est la capitale. Mais ils ne peuvent achever l'énorme tâche qu'ils ont entreprise. D'autres agents, — plus forts, ou plus habiles, ou plus heureux, — vont arriver, pour compléter l'œuvre de centralisation, et opérer le grand travail de fusion nationale.

Avant 89, il y avait une ancienne Gaule, — diverses provinces — peut-être une France, — mais pas de nation française. Point d'unité *territoriale*, *civile*, *politique*, *intellectuelle* et *morale*.

Il y avait des Bourguignons, des Normands, des Bretons, etc...... Le peuple *un* et *indivisible* n'existait pas encore. C'est du sein de nos assemblées révolutionnaires qu'il est sorti; — alors la centralisation s'organisa; et la fusion commença.

Le Directoire continue l'œuvre, — mais doucement, bien mollement.

(1) La France résulte du travail de la liberté sur ces éléments. (M. Michelet. — *Histoire de France*.)

Apparaît ensuite Napoléon, — consul, puis empereur. Il centralise fortement. Il accélère hardiment et heureusement la fusion.

La Restauration, ni ne centralise, ni ne fusionne. — Oscillations. — Le groupe des principes reste à peu près complet ; mais certaines nuances commencent à prendre un ton fort tranchant. Des sommités apparaissent.

1830. — Autres sommités, autres nuances. — Point de lien commun pour l'esprit politique. — Les départements ressortent. Les arrondissements surtout se détachent vigoureusement dans l'ombre. — On aperçoit déjà — les clochers.

1848. — Paris, proclame la République. Les départements y adhèrent. — Une Constitution longtemps attendue, — maintes fois interrompue par visite inattendue, par combats de rues, par enquête, et par tiraillements divers, — une Constitution, disons-nous, parvient enfin à éclore. Elle a pour but de perfectionner la centralisation et de continuer l'œuvre de fusion nationale. — République démocratique.

Ainsi que nous l'avons déjà dit, c'est du sein de nos grandes assemblées révolutionnaires qu'est sortie la nation française.

Napoléon survient, et, trouvant que le Directoire est une bien maigre et mauvaise nourrice, il lui arrache cette jeune enfant des bras. — Il va l'élever, — lui donner une éducation sympathique et forte. Voyez comme il l'accoutume à braver les intempéries des saisons et la rigueur des climats ! Et quelles sublimes leçons ! Il l'entretient des vertus de ses ancêtres ; il lui raconte leurs nobles exploits. Il lui inculque l'amour des belles et des grandes choses. Et c'est au nom de l'*honneur*, toujours au nom de l'*honneur*, que ce grand homme lui parle. Et la France, — heureuse et fière, — écoute — et — comprend. Oh ! elle ne l'oubliera jamais, — *lui !* — Mais !.... des étrangers arrivent et lui ravissent son bienfaiteur. — Alors elle pleure. — Il revient, pour la protéger, pour sécher ses larmes.... Vain espoir ! son séjour ne sera que de courte durée.

Enfin, — après un jour de bataille, l'aigle impérial prend son essor, et fend tristement la nue. Puis, après avoir plané longtemps sur la vaste étendue des mers, il va s'abattre sur un roc, — où il meurt.

(Pauvre France ! tu l'as pleuré longtemps ! — Mais console-toi ; car il y avait de jeunes aiglons dans la famille ; et ces aiglons ont grandi ; et aujourd'hui ils sont forts.)

Restauration. — Comme la France va tirer des sons plaintifs de sa harpe sonore ! — Écoutez : concerts célestes, chœur des anges, touchantes élégies, méditations poétiques, et charmantes rêveries, — en prose ou en vers. — O doux passe-temps de l'adolescence !... Mais la France n'était pas destinée à remplir éternellement ce rôle d'ingénue. — Un beau jour, elle s'émancipe, ou, pour mieux dire, elle ne fait que changer de tuteur.

Branche cadette. — Du bon vouloir — peut-être. Mais de surveillance, — point.

En un mot, mauvais système.

Et la France pleure et gémit.

« Mais qui vient ! qui est là ! qui se permet d'entrer ainsi chez moi, tout botté, tout éperonné, et le chapeau sur la tête, — et sans se faire annoncer ! »

— « C'est moi ! »

— « Toi, Louis Napoléon ! — Oh ! il faut que tu sois bien brave !!! »

— « Oui, c'est moi !... France, France, je t'aime ! »

— « Mais prends donc garde ! mon tuteur me surveille. Et d'ailleurs... »

— « Il surveille bien tes intérêts, ton tuteur ! — ..... »

— « D'ailleurs nous sommes encore trop jeunes... Que dirait-on dans le monde ! »

— « France, — c'est la liberté que je t'apporte ! — On t'opprime ! »

— « Ah ! je saurai bien me défendre et me protéger moi-même ! »

— « France !... »

— « Éloigne-toi, éloigne-toi, noble jeune homme ! — Plus tard... »

— « Pourquoi plus tard ? »

— « Oui, dans quelques années. — Il le faut. Adieu ! Parcours le monde. Visite les royaumes. »

— « Adieu, France ! »

— « Adieu, Louis Napoléon ! — Sois toujours généreux et brave ; un jour tu seras digne de moi. »

Et la France grandit, grandit toujours.

Mais l'heure de la majorité sonne. — Hélas ! dès son entrée dans le monde, la malheureuse France a de bien rudes épreuves à supporter.

— O ciel, quelles luttes affreuses ! — Ne pourrait-on déchirer cette page ?

— Non. C'est de l'histoire.

— Eh! bien.... passons... passons vite!

Louis Napoléon! Louis Napoléon! Louis Napoléon! Voilà trois fois que je t'appelle, s'écrie la France éplorée. Viens! As-tu donc oublié ta bien-aimée? viens mettre un terme à mes douleurs (1)!

TROISIÈME PARTIE.

> Je désire que mes cendres reposent sur les bords de la Seine, au milieu de ce peuple français que j'ai tant aimé.
> (*Mémorial de Sain te-Hélène.*)

Les votes sont déposés. Et s'il ne s'agissait ici que d'une réclame électorale, on pourrait — à bon droit, — accuser notre opuscule d'un retard fort étrange et bien inexplicable. Nous ne pourrions même revendiquer le rôle de la mouche du coche. Aussi nos prétentions ne vont-elles pas jusque-là.

Ce que nous voulons, c'est tâcher de rassurer certaines personnes qui — dans l'attente d'un certain événement (2) et sous l'impression de leurs paniques terreurs, — s'imaginent déjà voir les cosaques, oui, les bons cosaques, arriver sous nos murs, et qui, — ledit cas échéant, craignent fort de n'avoir plus, — et peut-être encore, — qu'un petit roi de Bourges (3). Or, comme la terre de Domrémy,

(1) Eh bien! oui, je l'accepte, cette candidature qui m'honore; je l'accepte, parce que trois élections successives et le décret unanime de l'Assemblée nationale contre la proscription de ma famille m'autorisent à croire que la France regarde le nom que je porte comme pouvant servir à la consolidation de la société ébranlée jusque dans ses fondements, à l'affermissement et à la prospérité de la République. — Que ceux qui m'accusent d'ambition connaissent peu mon cœur! Si un devoir impérieux ne me retenait pas au milieu de vous, si la sympathie de mes concitoyens ne me consolait pas de l'animosité de quelques attaques et de l'impétuosité même de quelques défenses, il y a longtemps que j'aurais regretté l'exil. (Paroles de M. le prince Louis-Napoléon Bonaparte. — Séance de l'Assemblée nationale. — *Moniteur* du 27 octobre 1848.)

(2) Si, — contre tout *espoir*, — M. Louis-Napoléon Bonaparte, — bien que réunissant la très-grande majorité des suffrages, — n'obtenait cependant point la majorité absolue dans l'élection, — nous *espérons* encore que l'Assemblée nationale, voulant donner un nouveau gage d'estime et de sympathie au suffrage universel, n'hésiterait pas à lui décerner la Présidence. Cela pourrait bien étonner certains personnages. Mais — ne sommes-nous pas dans le pays des merveilles! (15 décembre 1848.)

(3) Qui tire les marrons du feu,
N'est pas toujours...........

près Vaucouleurs, ne contient probablement pas une nouvelle Jeanne d'*Arc* dans ses flancs généreux, — la position pourrait devenir assez inquiétante. — Eh! bien, encore un reproche, un nouveau reproche à essuyer : *Vous arrivez trop tôt!*... Tâchez donc de rendre service aux gens. Essayez de rassurer ceux qui paieraient au contraire — une bonne peur.

En résumé, il nous importe fort peu d'arriver *pendant*, ou *avant*, ou *après*.

UN NOM.

Les uns lui disent : *Vous n'avez qu'un nom.*
Les autres : *Mais! vous avez un nom, et ce nom...* (1).
Occupons-nous d'abord de ces derniers. — *Napoléon* et *guerre*, — deux mots synonymes. — *Napoléon* et *despotisme*, — encore deux synonymes.
Voyons ce que signifie tout ce verbiage.
Napoléon Ier a fait la guerre. C'est vrai. Mais est-ce bien lui qui l'a désirée,—commencée? Est-ce contre lui qu'aurait été lancé le manifeste de *Brunswick?* — Notre première république aurait donc été, et sans que nous en doutions le moins du monde, la très-bien-venue auprès des autres puissances européennes. Ah! nous ne savions pas cela. Nous pensions au contraire que Napoléon n'avait été, pour ainsi dire, que le continuateur, — sinon toujours heureux, — du moins toujours glorieux,—des guerres que lui avait léguées la République. Mais, voyons; parlons franchement : — Est-ce lui qui fut réellement la cause directe et immédiate de tout cela? — Oh! nous savons que vous avez peur; et quand on a peur, on grossit toujours les choses. — Tâchez donc de vous remettre un peu de vos frayeurs; et vous verrez que les guerres qu'il a faites, on les aurait entreprises — même sans lui. Ou bien, il y en aurait eu d'autres, avec d'autres moyens, d'autres éléments peut-être, mais peut-être aussi (songez-y bien) avec des résultats — identiques. Tout se lie dans ces guerres. Napoléon est allé jusqu'à Moscou; d'autres, grâce à la progressive propagande, auraient poussé jusqu'en Chine — et même plus loin. — Tout chemin mène à Rome.

On ne veut donc pas voir où était la cause intrinsèque, le germe, le principe de toutes ces luttes héroïques. Oh! vous le savez; il y avait là un bien terrible problème!

Nous n'entendons pas du reste accuser la République d'avoir

(1) C'est une suite de la vieille histoire des *quoique* et des *parce que.*

voulu la guerre. On avait au contraire décrété au Champ-de-Mars la paix universelle. On avait convié tous les peuples à l'amour et à la paix. — Et nous n'ignorons pas comment — ni pourquoi — la Révolution française, au lieu de rester pacifiquement civilisatrice, devint militairement expansive. — A tout seigneur, tout honneur !

Et une fois dans cette voie, on ne put s'arrêter, — ni elle, — ni lui.

> Qui trop embrasse, mal étreint.

Il y a parfois un certain mérite à savoir se contenter de ce qu'on a.

Enfin, « *Napoléon s'est emparé de tous les droits de la nation et il a établi l'empire.* »

Eh bien ! — relisons l'histoire ; relisons-la avec attention — une bonne fois pour toutes — et de manière à n'avoir plus besoin d'y revenir.

« Le 18 brumaire….. »

— Oh ! remontons plus haut que cela, s'il vous plaît. Il ne faut pas négliger ainsi les vieilles traditions ; et dussions-nous passer *provisoirement* pour de grands réactionnaires, nous allons remonter même plus haut que le roi Pharamond.

Napoléon Ier fut un empereur romain, — ou du moins *à peu près* — ou même *pas du tout*. — Cela dépend du point de vue sous lequel on veut bien l'envisager.

Quand les Romains, — qui avaient organisé une civilisation si forte dans le monde, et notamment dans la Gaule, — furent obligés de céder le pouvoir aux races germaniques, — tout ne fut pas encore dit. Il resta, notamment dans les villes, des débris du régime municipal. La province romaine ne disparut pas entièrement ; elle n'était que désorganisée ; et l'ordre nouveau ne put s'établir solidement qu'au bout de plusieurs siècles. — On crut alors que la vieille civilisation romaine était morte. Eh bien ! — elle ne faisait que sommeiller, — pour reparaître plus tard et avec un assez vif éclat, — c'est-à-dire — avec quelques-unes de ses attributions, civiles ou politiques, sociales ou physiques, morales ou intellectuelles. —

« Vers le xvie siècle, a dit M. de Barante (1), nos écrivains, au lieu de perfectionner les lettres gauloises, se portèrent pour héritiers de la Grèce et de Rome. Ils adoptèrent des dieux qui n'étaient point

(1) *De la Littérature française pendant le dix-huitième siècle.*

les nôtres, des mœurs qui nous étaient étrangères, et répudièrent tous les souvenirs français, pour se transporter dans les souvenirs de l'antiquité. On commença à copier ou à travestir les modèles antiques..... »

Or, l'on sait que les lettres sont toujours conformes à l'état de la société.

L'antiquité marcha ensuite à pas de géant. — Vous connaissez le siècle de Louis XIV.

Toutefois les Romains — et les Grecs (car les Grecs étaient aussi de la partie) ne se firent d'abord remarquer que par des exhibitions en prose et en vers. Ou bien, c'était des temples, des statues, des tableaux, etc... Il ne s'agissait donc encore que de littérature et de beaux-arts ; et l'on vivait en assez bonne intelligence. Oh ! — patience. Vous allez voir ce que cela va bientôt devenir.

Passons les règnes de Louis XV et de — Louis XVI. — Traversons l'Assemblée nationale qui fut toute française (sauf toutefois quelques personnages grecs et romains qui ne se regardaient guère d'un bon œil) ; — laissons de côté la Législative qui ne valut pas la Constituante ; — puis arrivons à la Convention. — Quelle mêlée ! Voyez comme Girondins et Montagnards, c'est-à-dire Grecs et Romains, vident là, en une espèce de champ clos, toutes leurs anciennes querelles ! C'est une lutte à la manière antique. — Vous savez du reste, aussi bien que nous, comment et pourquoi les habitants de la Ville aux sept montagnes malmenèrent si fort les vainqueurs des Troyens (1). Arrivons au Directoire. — Toujours la république romaine. — On s'appelle *Marius*, ou *Sylla* ; d'autres ont nom *Scœvola*, *Brutus*, *Caligula*, et *cœtera*..... Passons.....

Mais, juste ciel, — quel est donc ce guerrier ? — on dirait que sa noble silhouette a été modelée sur le profil des Césars. — O toi, tu seras consul..... puis empereur. Nous voulons un empereur romain (2) ; et vive l'*Empire !* Oh ! quel bonheur ! Nager ainsi en pleine eau d'histoire romaine ! Et lui, — le César, — lui d'adopter

(1) La Grèce était redoutable par sa situation, la force, la multitude de ses villes, le nombre de ses soldats, sa police, ses mœurs, ses lois : elle aimait la guerre ; elle en connaissait l'art, et elle aurait été invincible, si elle avait été unie. (MONTESQUIEU. — *De la grandeur des Romains et de leur décadence.*)

(2) Si César et Pompée avaient pensé comme Caton, d'autres auraient pensé comme firent César et Pompée ; et la République, destinée à périr, aurait été entraînée par une autre main. (Montesquieu.—*Même ouvrage.*)

Ils nous élèvent au milieu des Grecs et des Romains. (Extrait du *Mémorial de Sainte-Hélène.*)

aussitôt l'idée de son siècle. Voyez comme il se jette bravement dans le courant. Toujours le premier, — toujours en avant (1) !

Nous n'examinerons pas ici pourquoi nos pères accordèrent à Napoléon le pouvoir absolu. Chacun de nous le sait. On n'ignore pas non plus qu'il ne prit point au sérieux son rôle d'empereur romain.

Pour juger avec impartialité cette personnification hardiment civilisatrice, il faut la dégager des circonstances exceptionnelles dont elle se trouva tout d'abord entourée. Dans d'autres conditions, Napoléon eut été un Washington.

Du reste, s'il parvint à réunir entre ses mains le pouvoir législatif et le pouvoir exécutif, ce fut pour se livrer à de grandes et belles entreprises, à des choses utiles, et surtout à de bonnes œuvres.

Il fit faire un pas immense à la civilisation. Il prépara l'avenir de la démocratie moderne.

En un mot, il fut l'homme de son époque.

Il *fusionna* tout.

Ainsi, ouvrez le Code civil. Ne sait-on pas quelle part brillante il y a prise !

« Lorsque la discussion s'engage sur quelque question palpitante de l'intérêt du jour, nous dit M. Troplong, rien n'est plus curieux à observer que le rôle de *médiateur* que prend le premier consul entre les deux partis. Ce génie incomparable avait compris que son époque était un temps de *conciliation* et de *transaction*. Aussi, suivez-le au milieu de ces luttes du côté droit et du côté gauche du conseil d'État ; vous verrez qu'il intervient constamment, avec une rare sagacité et un bon sens exquis, pour proposer *un terme moyen*, pour jeter dans la discussion un tempérament équitable, et que par la force de *sa raison conciliatrice*, il amène pour l'ordinaire les opinions rivales à une transaction. Si le Code civil a opéré la *fusion* des idées anciennes avec les idées de la révolution ; s'il est empreint de cet éclectisme qui est la philosophie du xixe siècle, c'est principalement à Napoléon qu'il faut en attribuer l'honneur. Son esprit de conciliation prudente brille dans le *code* comme dans la *réunion des partis politiques* qui déchiraient l'État. »

On peut donc affirmer hardiment que Napoléon est l'agent *fusionnaire* le plus actif, le plus *intelligent* et le plus sympathique qui ait jamais existé.

(1) De même que les soldats romains, au moment du triomphe, se permettaient d'agréables plaisanteries sur le compte de leurs généraux, — nos armées françaises avaient joyeusement donné à Napoléon le surnom de *Petit Caporal* ; et à chaque victoire cela recommençait de plus belle ; et ils étaient contents, les vieux braves !

Nous avons dit le plus *intelligent*. Nous allons revenir sur ce mot.

18 *vendémiaire*. — Ce jour-là, il y eut à Paris une bien horrible lutte. On marchait dans des mares de sang. — Il était là, — lui, — et il commandait.

Eh bien ! malgré toute l'ambition dont on l'accuse, croit-on que, six mois après les mitraillades de Saint-Roch, il aurait consenti à se présenter, — ou même à se laisser porter, — comme candidat aux fonctions suprêmes ! — Non, assurément non. — Napoléon était un homme trop *intelligent* pour commettre, ou même pour permettre une inconvenance de pareille sorte. Il savait bien qu'au moment où les plaies étaient, pour ainsi dire, encore toutes saignantes, ce n'était pas à lui, — à lui surtout, — à lui moins qu'à tous autres, — qu'il appartenait de réconcilier les partis, d'opérer une *fusion* sérieuse et durable.

On sait ce qu'il fit, où il dirigea ses pas. — L'Italie, l'Égypte, les Alpes, la mer, le désert. — Puis, quand il revint, tout était oublié. La nation avait reçu en lui un grand baptême de gloire. Le jeune guerrier avait eu ce bonheur. — Et alors, — oh ! quelles fêtes ! — quel enthousiasme ! et quels hommes !

Deuxième objection. Vous n'avez qu'un nom (1).

Nous savons quel torrent d'injures et de lâches impostures on s'est complu à répandre contre l'honorable candidat qui porte le nom de *Napoléon*. Tout a été mis en œuvre pour chercher à détourner le peuple, le vrai peuple, le bon peuple, de son puissant et sympathique entraînement, — entraînement aussi honorable pour la nation qui l'éprouve que pour celui qui l'occasionne. *Vox populi, vox Dei*.

On pourrait se contenter de répondre à ces gens-là : Le prince Louis est de trop bonne maison pour que de pareilles injures puissent l'atteindre.

La haine a sa partie en un concert de gloire (2).

Mais, puisque le plus grand citoyen dont la Suisse unitaire et

____

(1) « Nous devons l'un et l'autre le peu que nous sommes à nos frères », disait dernièrement M. Garnier-Pagès à M. le général C.........
— Il y a une louable modestie dans cette parole. Il y a aussi de la vérité. — Le général C......... a trouvé sa parenté. Donc, ce qu'on a pris dans le général C........., ce n'est pas l'épée, si bonne fût-elle. C'est le nom qu'il portait. (*Constitutionnel*, 2 décembre 1848.)

(2) Extrait d'un recueil de poésies par M. *Breulier*.

démocratique ait le droit de s'honorer, — puisque l'une des plus belles et des plus pures illustrations de nos temps modernes, — puisque M. le général Dufour a parlé, — citons :

« Je voudrais pouvoir vous exprimer tout ce que je pense au sujet du prince Louis-Napoléon Bonaparte, mais je suis retenu par la crainte d'être accusé de prévention. Je me bornerai donc à vous dire que j'ai rencontré en lui un grand et noble caractère, des sentiments élevés, dignes du nom qu'il porte, une rare loyauté, un désintéressement peu commun, un patriotisme ardent et sincère; en un mot, toutes les qualités qui commandent l'estime. Aussi, mon amitié pour lui, fondée sur de telles bases, est-elle inébranlable; elle n'a fait que s'accroître à mesure que je l'ai mieux connu et mieux apprécié.

« A ceux qui me demanderont quels sont ses talents, quelle est sa capacité, je me contenterai de répondre : Ouvrez ses ouvrages et jugez; ils sont nombreux et variés. Vous y reconnaîtrez le penseur profond et l'écrivain distingué. Il a écrit sur les sciences militaires, sur la politique, sur l'histoire, sur des questions économiques et industrielles, et toujours avec une supériorité marquée; et si une chose peut me surprendre, c'est que tout cela soit si peu connu en France.

« Pour moi, qui ai l'honneur d'être en relations avec le prince depuis près de vingt ans, j'ai toujours trouvé en lui l'homme sérieux, ami de l'ordre, et profondément pénétré des devoirs que lui imposait sa position tout exceptionnelle. Un temps viendra où on lui rendra justice, à cet égard, comme à beaucoup d'autres.

« Je pourrais ajouter bien des choses à ce qui précède : parler de ses qualités militaires, de son courage, de sa fermeté, d'actions dont bien d'autres s'honoreraient, et qu'il veut laisser dans l'ombre; mais je préfère m'arrêter ici, j'en ai assez dit, et cela en toute conscience, pour montrer à ceux qui voudront me croire que Louis-Napoléon Bonaparte est plus qu'un homme ordinaire.

« Heureux d'avoir eu cette occasion de rendre un faible hommage à la vérité. »

Citons aussi le passage d'une lettre que George Sand, — l'une des personnifications les moins équivoques de la démocratie, — écrivait à Louis-Napoléon, lorsqu'il était au fort de Ham.

« Telle est l'inflexibilité des lois qui entraînent la France vers son but, que vous n'aviez pas mission, vous, homme d'élite, de nous arracher à la tyrannie. Hélas! vous devez souffrir de cette pensée, autant qu'on souffre de l'envisager et de le dire, car vous méritiez de naître en des jours où vos rares qualités eussent pu faire notre bonheur. »

Avons-nous besoin de reproduire le manifeste de notre honorable candidat? Chacun le connaît. Chacun sait les nobles sentiments qu'il renferme.

Nous avons déjà dit que le napoléonisme était l'agent fusionnaire le plus actif, le plus intelligent et le plus sympathique qui eût jamais existé.

Or, l'honorable candidat qui nous occupe remplit toutes les conditions nécessaires pour continuer et perfectionner la grande œuvre de fusion.

Nous avons vu, il est vrai, cette promesse sur bien des programmes; mais il est des programmes menteurs, ou bien irréfléchis; *car ne fusionne pas qui veut.*

« Louis-Napoléon, a dit le journal *la Presse*, détend la situation trop fortement tendue; il aplanit les difficultés, il n'en crée pas; il facilite les solutions de l'avenir, il n'en complique aucune; il n'a pas eu de commandement militaire qui doive inspirer la crainte d'un ascendant sur l'armée..... S'il est un candidat dont le nom se prête miraculeusement, il faut le dire, à cet accord de toutes les opinions et de toutes les classes, c'est le candidat qui s'appelle Louis-Napoléon Bonaparte. »

Et nous sortirons enfin de ce déplorable état de marasme. Car rien ne marche.

La Revue des Deux-Mondes (1) contenait dernièrement un excellent article de M. J.-J. Ampère, dans lequel cet illustre savant disait : « Pour ceux qui aimeraient à voir s'affermir la forme du gouvernement donnée à la France par la révolution de Février, et qui sont accoutumés à observer dans l'histoire la corrélation des faits sociaux et des faits intellectuels, c'est un sujet d'étonnement et presque d'inquiétude que l'ordre nouveau n'ait encore produit aucune œuvre remarquable dans l'art et dans les lettres. Le lendemain de la révolution de Juillet, on récitait les iambes rudes et populaires de la *Curée*, on chantait du moins les couplets bourgeois de l'innocente *Parisienne;* en 1848, aucune voix de poëte n'a salué le berceau de la *nouvelle* république. Il a fallu que la mélopée terrible de mademoiselle Rachel s'efforçât de ranimer la vieille *Marseillaise*, ce chant d'un autre âge... Quand l'art a voulu faire le portrait de la République, il n'a produit que des caricatures et des

____

(1) Livraison du 15 novembre 1848. (Examen sur l'histoire de Madame de Maintenon et Louis XIV.)

monstres... On trouvera peut-être bien frivoles ces regrets d'un homme qui se préoccupe en ce moment de statues et de vers, et qui, au milieu du bouléversement de l'Europe, songe à la littérature. C'est qu'il croit que la littérature manifeste tout ce qui est, reproduit tout ce qui vit, conserve tout ce qui doit durer... Tout ce qui est véritablement grand et fort dans l'histoire trouve son sentiment dans l'art... »

Pour trouver une issue à cette situation, que chaque jour rend plus déplorable, — Louis-Napoléon était nécessaire.

Avec lui, nous pourrons trouver la solution pratique de toutes les idées fécondes et utiles. Avec lui, et au moyen d'un progrès modéré, continu et traditionnel, on verra grandir et progresser la légion intellectuelle de l'ordre, dans la liberté, l'égalité et la fraternité.

Il sera la ferme et loyale personnification de la République démocratique.

Le Napoléonisme est une synthèse ardente et généreuse, dont le noble but est de rallier tous les partis sous notre bannière française, sous le drapeau de la civilisation et de l'honneur.

Oh! — Nous entendons déjà quelques esprits critiques et moroses : *Oui, avec l'autre! Mais lui...*

Eh! bien, — pour tâcher de mettre un terme à votre opposition systématique, — nous allons vous faire une concession.

— « Laquelle? »

— Louis Napoléon résumera en lui le système égalitaire du grand homme, l'esprit libéral des frères de l'empereur et la bonté de Joséphine. — Nous aurons encore une fusion.

— « Ah! »

Eh bien, maintenant nous allons vous faire encore une bien plus grande concession. — Nous allons procéder entièrement par voie d'antithèse.

— « Voyons donc cela! »

Vous savez que Napoléon Ier termina sa carrière dans l'exil. — C'est au contraire par l'exil que Louis-Napoléon débuta dans le monde.

Napoléon Ier, vers la fin de sa carrière politique, et après une suite non interrompue de succès, Napoléon Ier commit deux fautes qui le perdirent : *la campagne de Russie et celle d'Espagne.* — C'est au contraire, dans sa jeunesse, au début de sa carrière politique, que Louis-Napoléon a commis deux fautes : *l'expédition de*

Strasbourg et *celle de Boulogne*. Puis, il nous revient aujourd'hui, dans l'âge mûr, après s'être formé à la rude école de l'expérience et du malheur.

Napoléon Ier, après avoir été consul, rechercha l'Empire. Louis-Napoléon, au contraire, après avoir recherché l'Empire (1), acceptera avec respect la présidence de notre chère République ; et sa présidence nous rappellera les beaux jours de l'époque consulaire :

> *O Corse à cheveux plats, que ta France était belle,*
> *Au grand soleil de messidor !* (2)

— Que dites-vous de cette antithèse? — Vous ne répondez rien.

Il y a des mystères dans les desseins de la Providence. — On peut croire à la *fatalité*. Mais il faut croire aussi à l'influence de l'*action*. — Aide-toi, le Ciel t'aidera !

Nous sommes aujourd'hui dans un de ces moments solennels, où les destinées d'un peuple dépendent souvent de son action.

On nous dit : « La France refait, en l'abrégeant, le chemin déjà tracé par la première révolution, afin d'aboutir au même résultat. »

Cela n'est pas exact, ou, du moins, cela n'est pas encore vrai.

Oh! nous en convenons, — on est sur une certaine pente, et......
...... peut-être......

Mais non ; mille fois non ; cela ne se fera pas. La France saura résister énergiquement au mouvement fatal qui pourrait l'entraîner dans les eaux de la Gironde, ou contre les brisants de la Montagne ; et elle n'ira pas non plus se jeter dans ce gouffre béant que vous voyez.... plus loin.... là-bas.... tout là-bas.

Il ne s'agit pas non plus, faites-y bien attention, de — rétrograder. Cela n'est point nécessaire.

Tenez. Voici ce qu'il convient de faire. — Nous ne sommes pas encore arrivés à la Convention (3). Oh! le terrain sur lequel nous nous trouvons est bien plus solide.

---

(1) Un congrès national, élu par tous les citoyens, peut seul avoir le droit de choisir ce qui convient mieux à la France..... (Extrait de la proclamation au peuple français, par Louis-Napoléon Bonaparte, lors de son expédition de Strasbourg.)

(2) Barbier (*Iambes*).

(3) Dans l'Assemblée constituante il y avait une chose qui épouvantait ceux qui regardaient attentivement ; c'était la Convention. Pour quiconque a étudié cette époque, il est évident que dès 1789, la Convention était dans l'Assemblée Constituante. Elle y était à l'état de germe, à

Eh! bien — dès à présent et sans plus tarder, faites donc une adroite conversion, en criant : *Vive Napoléon!* — C'est là qu'est l'avenir.

Voyons ; exécutez ce mouvement de pied ferme. — Attention. — Serrez vos rangs ; — appuyez sur le *guide* ; et fiez-vous à lui, car il est brave, et — vous aussi vous l'êtes, et — vous valez même beaucoup mieux que vous ne le pensez.

La France! — En avant!!

Marche!!!

l'état de fœtus, à l'état d'ébauche. C'était encore quelque chose d'indistinct pour la foule, c'était déjà quelque chose de terrible pour qui savait voir. Un rien sans doute..... » (M. Victor Hugo. — *Étude sur Mirabeau.*)

FIN.

Paris. — Imprimerie CLAYE ET TAILLEFER,
Rue Saint-Benoît, 7.

www.ingramcontent.com/pod-product-compliance
Lightning Source LLC
Chambersburg PA
CBHW061705050726
47598CB00004B/1700